Theo von Taane

Witze rund ums Golf spielen

Humor & Spaß : Neue Golfwitze, lustige Bilder und Texte zum Lachen mit hole-in-one Effekt!

Bibliografische Information der Deutschen Nationalbibliothek:
Die Deutsche Nationalbibliothek verzeichnet diese Publikation in der Deutschen Nationalbibliografie; detaillierte bibliografische Daten sind im Internet über http://dnb.dnb.de abrufbar.

Texte und Illustrationen: **Theo von Taane**

Herstellung und Verlag: BoD – Books on Demand, Norderstedt

ISBN: 9783734731709

Witze rund ums Golf spielen

Für:

Lustig Garantie

Inhaltsverzeichnis   Seite

1. Auf dem Golfplatz

Taschenlampe

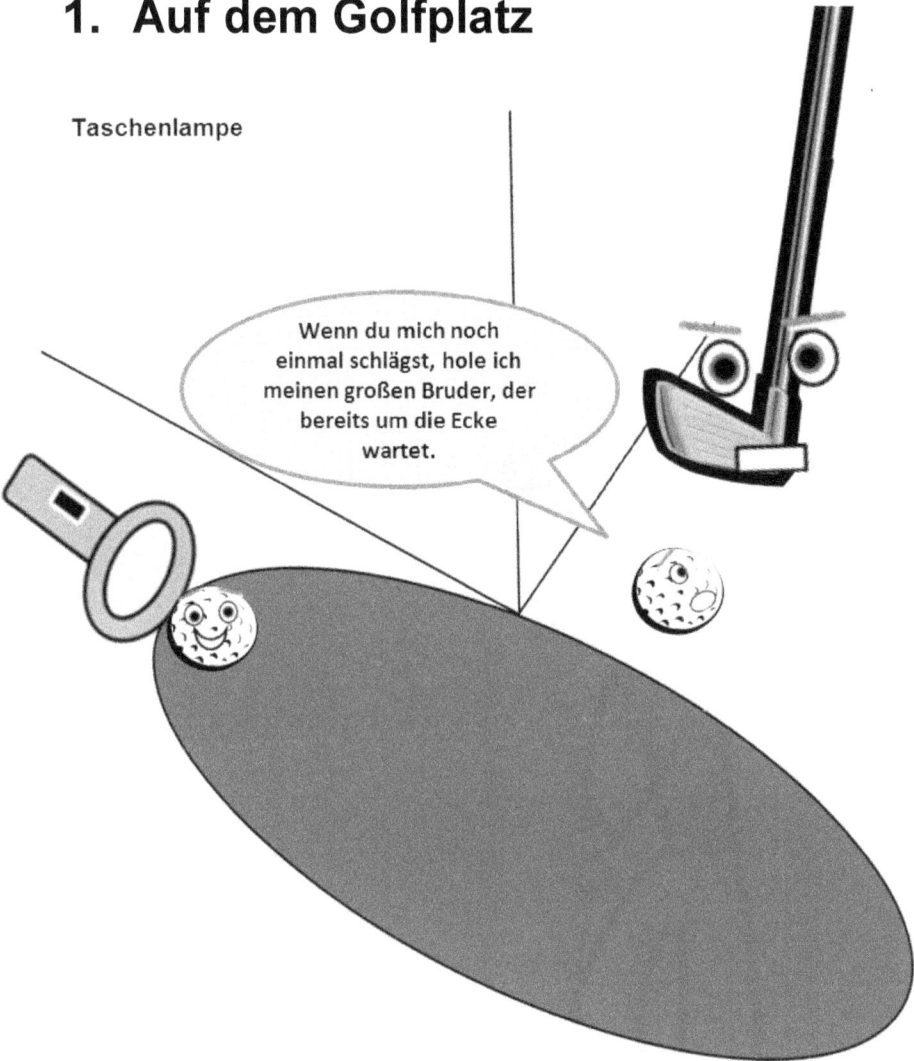

> Wenn du mich noch einmal schlägst, hole ich meinen großen Bruder, der bereits um die Ecke wartet.

Komiker

Während des Golfturniers der Trainer zu seinem Spieler: „Also Du musst Dich nun langsam mal entscheiden, welchen Karriereweg Du einschlagen möchtest. Entweder der weltbeste Slapstick-Kabarettist werden oder der Gewinner dieses Turniers. Beides gleichzeitig geht nicht."

OK, Frau Schulz, größer geht es beim besten Willen nicht.

Zukunftspläne

Wenn ich mal groß bin möchte ich ein Golfball werden.

Spielverlust

„Hallo Herr Meyer, sagen sie mal weshalb kniet denn Herr Müller auf dem Green und schaut permanent nach unten?" Meyer:

„Er sucht das Körnchen Glück, dass ihm fehlte um das letzte Golfspiel zu gewinnen."

Schnelligkeit

„Mensch ihr Sohn hat ja eine tierische Geschwindigkeit im Durchschwung drauf, vergleichbar mit….wie heißt noch einmal das Tier mit dem Panzer auf dem Rücken?"

Ballaufbewahrung

Hey, ich spüre etwas steifes in meinem Rücken….

Hallo ich bin ein Calla Ways, hier liegt ein Missverständnis vor.

Bridgest one
Golf balls

Macht sofort das Licht an. Ich bin kein Ball für eine Nacht!

Mein Innendruck steigt und so langsam bekomme ich Platzangst.
Wo sind nochmal die Toiletten?

Erfrischung

„Ich muss schon sagen, sehr erfrischend wie unser Neuzugang Golf spielt. Nein, nicht was sie jetzt denken, sondern er sorgt als Luftnummer durch seine unkoordinierten Schlagbewegungen immer wieder für frische Verwirbelungen mit kühlendem Luftstrom."

Bunkerschlag

Sagt mal hast Du eine Tablette für mich? Fühle mich nach dem letzten sandigen Bunkerschlag noch so zerstreut.

No Name

Auf den Hund gekommen!

„Hallo Herr Meyer, dass sie ihren Hund mit zum Golfspiel nehmen ist grundsätzlich in Ordnung, aber dass er bei jedem Einlochen immer die Fahnenstange des Golfloches markiert geht nun wirklich zu weit."

Golfväter

Zwei Golfväter beobachten das Golfspiel ihrer Söhne, sagt der eine:

„Also wenn man ihren Sohn im Bunker so spielen sieht, merkt man schon dass er in seinem Element ist."

„Wie meinen sie das?"

„Na, das mit dem Sand und dem Schlafen kennt er ja schon recht gut vom Sandmännchen her."

Schmetterball

„Wow, das war wirklich ein bombastischer Abschlag. So etwas habe ich noch nie gesehen. Dieses Abheben wie in Zeitlupe und dann diese abrupte harte Landung mit nahezu ganzer Körperfläche auf dem Boden.

Ich sag es ja immer, besser man macht einen Doppelknoten in seine Schnürsenkel."

Flugmodus

„Hallo Herr Meyer wissen sie warum uns der Trainer zuruft, wir sollen unsere handys und smartphones ausschalten?" Meyer:

„Na offenbar möchte er den aktuellen Höhenflug der Mannschaft nicht gefährden und durch das Mobilfunkverbot den typischen Absturz in den letzten Schlägen des Spiels vermeiden."

Der Golf Nerd

Saisonvorbereitung im Traditionsclub

Clubmitglied zum Trainer:
„Das hatten wir ja noch nie. So viele Clubmitglieder in unseren Clubräumlichkeiten, die freiwillig helfen durch Aufräumen die Saison vorzubereiten. Toll diese Moral." Trainer:
„Ja unglaublich wie die Nachricht um eine gefundene historische Goldmünze im Clubraum die Moral verändern kann, selbst wenn es sich um meine eigene handelt, die ich verloren hatte, aber das will ja keiner hören."

Verfolgung

Tragende Rolle

Tragende Rolle

13

Indianer

„Sag mal Peter, wer ist denn dieser komisch gekleidete Kauz da drüben der aussieht wie ein Ureinwohner aus der Südsee?" Peter:
„Ach den, den hat unser Vorstand speziell für die Ligaspiele eingekauft."
„Kann der denn so gut Golf spielen?"
„Das nicht, aber sofern wir bei entscheidenden Spielen zu verlieren drohen, beginnt er mit seinen Verfluchungen der Gegner mit seiner Voodoo Puppe."

Erste Golferfahrungen

Der kleine Paul war das erste Mal auf einem Golfplatz und hat seinen Vater beim Golfspielen zugeschaut. Anschließend prahlte er:
„Mein Vater ist der beste Golfspieler auf der Welt. Er hat es geschafft am wenigsten in die Löcher zu spielen."

Birdie

Sitzen zwei Spatzen auf einem Ast und schauen bei einem Golfspiel zu, sagt der eine: „Mann, diese Kondition, das geht jetzt schon fast anderthalb Stunden so." Sagt der andere: „Ja, das hätte ich Paul auch nicht zugetraut, der hat nach dem ganzen Schlägen schon gar keine Federn mehr."

Ansprache

Nach dem Golfspiel spricht der Clubvorstand vor versammelter Mannschaft:
„Wir haben zwar heute nicht gewonnen, aber nach dieser Vorstellung bin ich schon froh, dass keiner bei dem Versuch den Ball zu schlagen gestolpert und tödlich aufgeschlagen ist.

Geduld

Zwei Clubmitglieder schauen sich ein Golfspiel an, sagt der eine:

„Warum sitzt denn Rüdiger auf dem Rasen statt weiterzuspielen?" Darauf der andere:

„Na weil ihm der Trainer gesagt hat er soll auf den richtigen Moment für den Schlag warten."

Andacht

„Sag mal warum steht denn die ganze Herrenmannschaft schweigend vor Loch 10 mit gefalteten Händen, gesenkten Kopf und abgenommenen Mützen?"

„Na weil wir uns dort im letzten Ligaspiel den entscheidenden Punkt gegen den Klassenerhalt eingefangen haben und diesem nun die letzte Ehre erweisen."

„Und warum stehen dann alle Spieler der Mannschaft da und nicht nur diejenigen die es verschuldet haben?"

„Die anderen stellen den Vollzug sicher.

Dirty Talking

Komm sag mir was Versautes, mach mich scharf!

Versprechen

„Sag mal, wieso trägt die Mannschaft beim Spielen jetzt ihre Sachen falsch herum, also das, was normalerweise innen ist, nach außen?"

„Na beim letzten Ligaspiel hatte sie so schlecht gespielt, dass die ganze Mannschaft versprach ihre Spielweise umzukrempeln."

„Ja schon, aber dass alle ihre Unterhose umgedreht nach außen tragen finde ich jetzt schon ein wenig geschmacklos."

Verabredung

Anton und Peter trainieren außerhalb des regulären Trainings auf der Driving Range, da klingelt das Handy von Anton. Anton nimmt ab und nach einer Weile sagt er zu Peter:

„Meine Frau hat gerade angerufen und mir gesagt, dass sie heute Abend erst sehr spät nach Hause kommen wird." Peter:

„Ja und?" Anton:

„Na sie weiß nichts von unserem Herrenabend heute und hat gesagt, dass sie mit dir den ganzen abend eine wichtige Präsentation für morgen vorbereiten muss."

Bällejagd

Kommt doch, wo seid ihr? Ich will mit euch nur ein bisschen schlagen.

Für wie blöd hält der uns eigentlich?

Treibsand

„Warum stellt der Trainer vor dem Green ein Schild mit der Aufschrift ‚Achtung Treibsand, betreten verboten' auf und weshalb stehen die Mannschaftsspieler daneben und schauen gebannt zu?"

„Die Spieler sind unsere Nummer 1 Mannschaft bei den Junioren und der Trainer kann sich das schlechte Abschneiden der Mannschaft nur noch dadurch erklären, dass der Untergrund des Platzes aus Treibsand besteht."

„Das verstehe ich nicht."

„Na der Trainer hat so intensiv mit den Spielern an der Technik gearbeitet, dass als einzige Erklärung nur noch Treibsand in Frage kommt, der im Golfspiel alle guten Schläge und eintrainierten Techniken unserer Mannschaft rückstandslos verschluckt haben muss."

Golfbälle

Unterhalten sich zwei Golfbälle, sagt der eine:

„Also ich mach das nicht mehr lange mit, andauernd werde ich geschlagen, meine Hülle ist schon ganz zerbeult, meine Aufschrift kaum noch zu lesen und nach einem Spiel im Nieselregen bin ich immer voller Matsch."

Darauf der andere:

„Ja was hast du denn erwartet von deinem Job als Ball im Golf?"

Darauf der andere:

„Das ich geschlagen werde, halte ich schon aus, aber beworben hatte ich mich als Matchball und nicht Matschball. Weißt du was, langsam glaube ich, dass ich das Opfer einer Verwechselung bin..."

Smalltalk

Zwei Golfbälle liegen in einem Behälter gedrängt nebeneinander, sagt der eine:

„Ja wie siehst du denn aus? Du hast so viele Beulen auf deiner Haut und auch einen kleinen Riss und ich habe gehört dass du auch nicht mehr so kontrolliert geschlagen werden kannst. Was ist denn los? Darauf der andere:

„Na ja gestern im Spiel wurde mir bei einem Fairway-Schlag durch die Drehung so übel, dass ich doch tatsächlich mit meinem Po im Bunker gelandet bin. Dann erfolgte eine beschämende Diskussion ob ich tatsächlich der bin, den mein Golfer geschlagen hatte und nicht irgend ein anderer Ball, und dann wurde mir auch noch vorgeworfen, ich hätte nicht mehr genügend Spannkraft in meiner Hülle. Da ich nicht nachgab, nahm mich der Verlierer des Matches nach dem Spiel einfach mit zur Driving Range und ich wurde mit stärkster Wucht abgeschlagen so dass mir endgültig die Puste ausging.

Ich kann gesundheitlich nicht riskieren, nochmals so behandelt zu werden. Ich werde alles hinter mir lassen und woanders neu anfangen."

„Und was willst du machen?"

„Deshalb habe mich ja in den Kofferraum des Trainerautos eingecheckt und warte auf die Abfahrt."

„Na, daraus wird wohl nichts."

„Wieso?"

„Weil dies hier nicht der Autokofferraum des Trainers ist, sondern der Behälter des Shredders im Clubbüro."

Tierisch

Eine Ziege und ein Esel spielen Golf. Nach einem harten Schlag des Esels landet der Ball auf einem der beiden Hörner der Ziege und wird aufgespießt. Sagt der Esel: „Macht nichts, das hätte mir auch passieren können."

Pfeifenschicksal

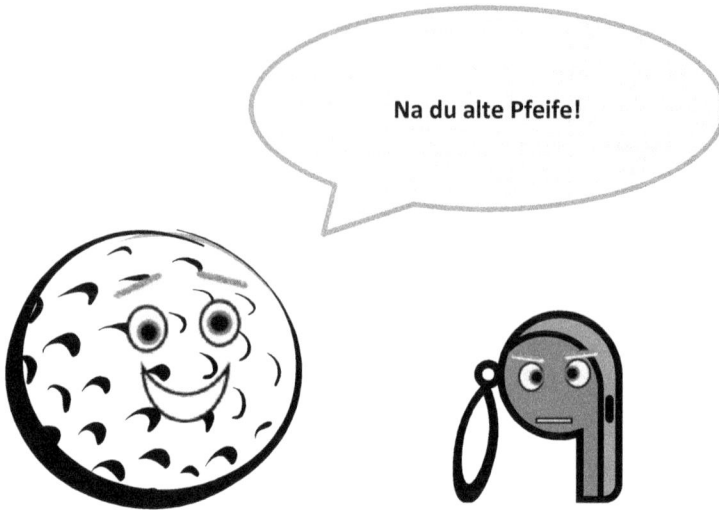

Na du alte Pfeife!

Hüpfende Bälle

„Die schönsten hüpfenden Bälle gab es heute im Damengolf bei Sabine zu sehen."

Irre

Treffen sich zwei Irre zum Golf spielen, sagt der eine:

„Ach verdammt wir können nicht spielen."

Sagt der andere: „Warum nicht, was ist denn los?"

Darauf wieder der andere: „Wir haben die Würfel vergessen."

GPS

„Hallo Klaus, weißt du warum mehrere Spieler andächtig mit abgenommenen Mützen vor dem Eingang der Golfplatzes stehen?"

Klaus: „Da nach den GPS-Koordinaten des neuen billig Smartphones von Frank, sich genau dort die heilige Anlage des Petersdom in Rom befinden müsste."

Freizeitgolf

Wussten sie schon, dass Freizeitgolf unter Golfprofis keine Verbreitung findet?

Ersatzbälle

Peter ist ein guter Golfspieler, aber neigt zu Wutausbrüchen auf dem Platz. Der Vater hat ihm gerade teure Golfbälle gekauft. Er kommt auf Peter zu, übergibt ihm einen der Bälle, nimmt ein Hammer und haut kräftig auf die anderen Bälle ein bis diese völlig kaputt sind. Peter ist ziemlich verdutzt und fragt seinen Vater warum er das gemacht hat. Darauf antwortet der Vater, dass er gleich die Bälle zerstört hat, damit er wie beim letzten Golfspiel seine Bälle nicht wieder vor Wut in den angrenzenden See schlagen muss und sich nun wieder vollkommen auf das Golfspielen konzentrieren kann.

Traditionelles Treffen

Die drei Familienväter Paul, Frank und Peter spielen jeden Sonntag früh zusammen Golf. Diesen Sonntag ist Ostersonntag und alle sind überrascht, dass es trotz Familienzwang jeden gelungen ist, zum Treffen zu kommen.

Paul: „Ich habe meiner Frau einen teuren Wellness-Gutschein geschenkt."

Frank: „Meine Frau hat von mir einen silbernen Anhänger bekommen, den sie schon immer haben wollte."

Peter: „Ich habe gestern Abend ausgiebig Knoblauch gegessen und bereits heute früh um sechs stand wie von Zauberhand mein Golfbag direkt neben der Tür fertig gepackt zum Abmarsch bereit."

Hammerhart!

Wussten sie schon dass unter ‚hammerharten' Spielen keine Filme mit sexuell anrüchigen Spielszenen zu verstehen sind, auch wenn manche Golfspiele der nackte Wahnsinn sind?

Fürsorge

Das Liga-Golfspiel hat gerade begonnen. Plötzlich spricht einer der Spieler zu seinem Gegenspieler der anderen Mannschaft: „Schauen Sie mal den Krankenwagen, der kommt sicher wegen der hochschwangeren Frau dort drüben. Na, hoffentlich ist noch nicht die Fruchtblase geplatzt." Darauf macht der andere mit seinen Armen ausladende Winkbewegungen, um dem Krankenwagen aus der Entfernung zu signalisieren, wo er am besten halten kann.

Dann geht das Spiel weiter. Nach dem Spiel meint noch der eine Golfspieler: „Das war wirklich nett von Ihnen dem Krankenwagen zu helfen, schneller einen Halteplatz zu finden." Darauf der Spieler der anderen Mannschaft: „Ja selbstverständlich, immerhin handelt es sich bei der Schwangeren um meine Frau."

Auf den Hund gekommen

Zwei Golfspieler aus verschiedenen Mannschaften trainieren an diesem Wochenende zusammen. Der eine hat einen kleinen Hund dabei und jedes mal wenn sein Herrchen den Ball sauber schlägt macht dieser ein kleines Wuff und wenn er den Ball einlocht sogar einen kleinen Salto. Meint der Freund: „Und was macht er wenn Du verlierst?". Darauf der andere: „Dann fängt er an zu fliegen." Freund: „Das ist ja phänomenal. Wie weit denn?". Darauf wieder der andere: „Je nachdem wie ruhig er hält wenn ich ihn auf meinem Schläger liegend schleudere."

Arzt

Zwei Damen spielen Golf. Plötzlich bemerkt eine der Damen dass der begehrte Dr. Frank zugeschaut hat und fragt ihn: „Hallo Herr Doktor wie finden sie mein Golfspiel?" Darauf der Doktor: „Aber meine Teuerste, sie wissen doch als Arzt unterliege ich der Schweigepflicht."

Angeber

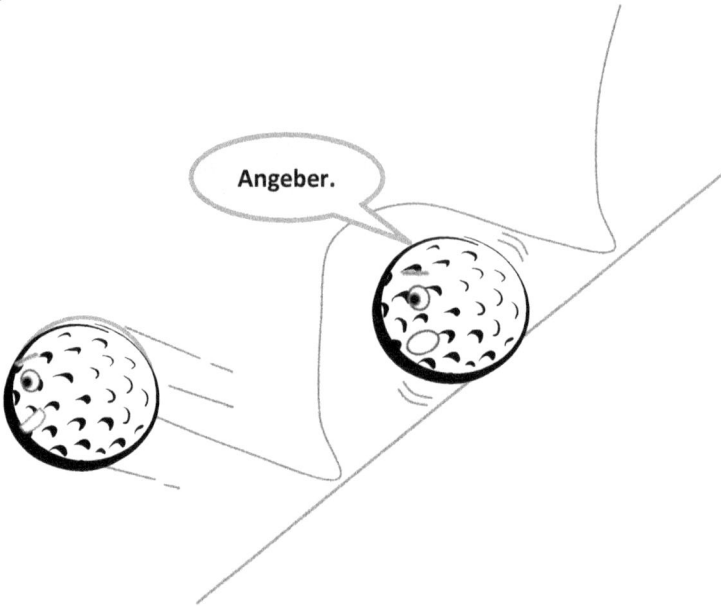

Angeber.

Einfach irre

Zwei Irre spielen Tennis, wundert sich der eine, dass der Schläger nicht passt, sagt der: „Das ist wirklich das Komische an Tennis." Fragt der andere: „was denn?"

„Na, die verkaufen Bälle, die keinen Filz haben und dann kann man sie kaum kontrolliert übers Netz schlagen mit diesen dünnen Metallstangenschlägern mit dickem Ende als Griff."

Sockel

Take off

2.   Im Verein

Toilettengang

Ein Golfspieler möchte nach dem Golfspiel in der Clubanlage des Gastgebervereins auf die Toilette gehen. Da diese zu klein ist, um seine riesige Golftasche mitzunehmen, muss er sie vor der Tür stehen lassen. Damit sie keiner mitnimmt schreibt er auf einen Zettel: „Wer es wagt, die Tasche wegzunehmen bekommt von mir einen harten 300m Abschlag auf den Allerwertesten.". Er legt den Zettel auf die Tasche und geht dann auf die Toilette. Als er wieder raus kommt ist die Tasche weg und findet statt dessen einen Zettel auf dem Boden liegend auf dem steht: „Bei so minderwertigen Fairwayholzschlägern kommst du nicht mal an die 200m Grenze."

Mannschaftsessen

Wussten sie schon, dass das traditionelle Mannschaftsessen nach einem Ligamatch kulturell unterschiedlich verstanden werden kann, so verstehen beispielsweise Kannibalen etwas völlig anderes hierunter als in unseren Breitengraden.

Gerüchte

„Weißt du schon das Neueste?"

„Nein, was denn?"

„Peter Maier unserem Vorstand geht es momentan nicht gut, ein dutzend Gläubiger sind hinter ihm her, ihm steht das Wasser bis zum Hals."

„Ja das habe ich auch gehört und morgen will er untertauchen."

Moderne Sportanlage

„Also Herr Schulz die neuen Clubräume sind wirklich toll, eine richtige Augenweide. Und diese moderne Inneneinrichtung ist schon sehr schick. Am beeindruckendsten finde ich allerdings dieses imposante 3-D Golfbild, man könnte fast den Eindruck bekommen die Spieler bewegen sich." Darauf Herr Schulz:

„Ihr Eindruck stimmt, allerdings ist dies kein 3-D Bild sondern das Panoramafenster, das hinaus auf das Putting Green zeigt, auf welchem gerade unsere Senioren spielen, und die sind immerhin im Schnitt schon über 80 Jahre alt."

Garderobenhaken

Kurz vor den Verbandsspielen wurde noch die Clubräume renoviert und unter anderem wurde über fünf Garderobenhaken ein Schild angebracht mit der Aufschrift „Nur für die Herrenmannschaft". Später in der Saison, nachdem die Herrenmannschaft auch noch das letzte Verbandsspiel verloren hatte, klebte plötzlich am nächsten Tag ein Sticker darunter: „Auch für Kleidung und Taschen verwendbar".

Bewerbung

Eine junge gutaussehende Frau betritt das Sekretariat des Golfclubs zwecks Bewerbungsgesprächs als neue Sekretärin. Zufällig hält sich der Trainer der Damenmannschaft im Büro auf und sortiert gerade die neu angekommenen Probeschläger, als die junge Frau den Raum betritt. Die junge Frau:

„Guten Tag, ich bin Frau Müller die Neue, erinnern sie sich an unser Telefonat?" Trainer:

„Das ist ja super, wir brauchen dringend eine Verstärkung in unserem Team, aber sagen sie mal kommen sie zufällig auch mit einer XXL-Griffstärke zurecht?"

Die junge Frau errötend:

„Das kann ich nicht sagen, mit so starken Stücken hatte ich es bislang noch nicht zu tun."

Zukunftspläne

Wenn ich mal groß bin möchte ich das Tragenetz einer Golftasche werden.

3. Fitness und Techniktipps

Chip

Schaffen sie mehr Sicherheit für ihren Chip durch 1. anheben des Balls durch leichten Stups dann 2. Schlagen des Balles aus der Luft. Es werden ihnen außerdem die erstaunten Blicke der Zuschauer ganz gewiss sein.

Die Balance behalten

Behalten sie insbesondere beim Pitch von Annäherungsbällen die Balance, indem sie stets die Oberarme an den Körper gepresst halten beim Schlagen des Balles. Lassen Sie sich durch die anfänglichen Probleme die sie haben werden nicht beirren, gemessen in einer Lifetime Scorecard werden sie langfristig die Nase vorne haben* (*statistisch nicht berücksichtigt Gegner die mindestens genauso alt oder älter werden als sie).

Bunkerschlag

Holen sie mehr Power aus ihrem Bunkerschlag durch Drehen einer Luftpirouette. Kanalisieren sie die Ausschwungbewegung nach Treffen des Balles im sogenannten Pirouettenschlag mit voller Körperdrehung durch leichtes Abheben vom Boden. Achtung! Achten sie auf ein gutes Aufwärmtraining, um Verrenkungen bereits im Vorfeld auszuschließen.

Putt

Kontrollieren sie die saubere Ausführung ihres Putts durch Loslassen ihres Golfschlägers beim Ausschwung. Segelt ihr Schläger direkt an die hintere Kante des Golflochs war der Putt gut. Halten sie während eines Spiels sicherheitshalber genügend Ersatzschläger bereit.

Kondition

Mehr Ausdauer durch mentale Suggestion. Stellen sie sich einfach vor sie bewegen sich die ganze Zeit während des Golfspiels Berg ab und ihre Gegner dagegen Berg auf. Suggerieren sie sich in der zweiten Stufe dann mentale Siebenmeilenstiefel. Sie werden sehen, mit ihrer neu gewonnenen mental geerdeten Kondition werden sie Berge versetzen.

Konzentration

Es ist wissenschaftlich erwiesen dass ein Sekundenschlaf eine enorm erfrischende Wirkung in kurzer Zeit erzielen kann. Daher rät der Profi bei langen Schlägen mal die Augen für ein paar Sekunden zu schließen. Der Erholungseffekt nach Wiederöffnen wird enorm sein. Sie werden weniger Druck verspüren und gehen erfrischt in den nächsten Schlag. Und je mehr sie diese Technik in einem Golfmatch anwenden desto entspannter können sie spielen, auch wenn Sie dann nicht mehr wissen wohin der Ball geflogen ist und jedes mal von vorne beginnen müssen..

Hand

Rechtshändern mit zwei linken Händen wird dringend von Pull-Slice gespielten Bällen abgeraten.

Spieltaktik

Verwandeln sie als Gast das Golfspiel in ihren Heimvorteil. Bestehen sie darauf bei Regen weiterzuspielen, denn durch die vielen Tränen und Schweiß die bei den unendlichen Trainingseinheiten aufgrund des hohen Grades an Untalentiertheit geflossen sind, wissen Sie am besten wie man sich auf rutschigem Untergrund bewegt und schlägt.

Griffband

> **Gib nicht so an, wozu brauchst du ein Griffband?**

Seniorenteam

Unterhalten sich zwei Golfspieler, sagt der eine:

„Schau dir mal die Spieler der Seniorenmannschaft des gegnerischen Vereins an, sehen ziemlich grottig aus." Sagt er andere:

„Ach so, und ich dachte schon der Friedhof um die Ecke hätte heute Wandertag."

4. Gesundheit, Pflege & Mode

Besuch beim Psychiater

Kommt ein Golfball zum Psychiater und sagt: "Also ich versuche wirklich, meinem Leben einen Sinn zu geben und bleibende Abdrücke zu hinterlassen, aber nach jedem Auftrumpfen werde ich gleich wieder weiter geschlagen."

Fremdgehen

Unterhalten sich zwei Golfspieler, sagt der eine:

„Hast du schon das Neueste gehört?"

„Nein, was denn?"

„Eine Frau wurde von ihrem Mann beim Fremdgehen erwischt. Aus Wut hat er diese solange mit Golfbällen beschmissen, bis sie in die Notaufnahme eingeliefert werden musste."

„Auweia, und welche Ballmarke hat er verwendet?"

Beim Arzt

Ein Mann beim Arzt. Nachdem dieser alle Untersuchungen abgeschlossen hat, schaut er mit ernster Miene zum Patienten und sagt: "Ich rate Ihnen dringend sofort mit dem Golfspielen aufzuhören.". Patient: „Ach Herrje, Herr Doktor steht es so schlimm um mich?". Arzt: "Das nicht, aber ihre Spielergebnisse lassen keine andere Diagnose zu."

Golfbälle

Frank hat heute mit seiner breitbeinigen Art zu laufen gezeigt, dass es neben dem gefürchteten Tennisarm nun auch die Kategorie der dicken Golfbälle gibt.

Modern Look

Unterhalten sich zwei Frauen im Restaurant des noblen Golfclubs, sagt die eine:

„Ja du hast recht dieser schäbige vintage–look ist wieder in, aber die anderen tragen mit Label und du nicht."

Jobrotation

Zeit

Frank und Peter unterhalten sich nach ihrem Golfmatch.

Frank: „Und Peter, wie lange spielst du schon Golf?"

Peter: „Seit ungefähr fünf Jahren."

Frank: „Das ist eine lange Zeit, kein Wunder dass du so müde aussiehst."

Umschulung

Outfit

„Hallo Tina, schön dass es heute mit unserer Verabredung zum Kaffeerinken auf der Terrasse des Clubs geklappt hat."

„Wie findest du eigentlich mein neues Outfit, das mir mein Mann letzte Woche gekauft hat?"

„Ja richtig, dass ist wirklich schade, dass ihr euch noch immer nicht versöhnt habt."

Neues Outfit

Unterhalten sich zwei junge Golfspielerinnen, sagt die eine: „Also immer, wenn ich ein neues Golfoutfit trage gehe ich mir gleich das nächste anschaffen." Darauf die andere: „Also bei mir ist das genau umgekehrt."

Handverletzung

Golfspieler kommt mit stark bandagierter Hand und humpelnd in den Clubraum. Darauf ein Clubmitglied:

„Übertrainiert?". Darauf der Golfspieler:

„Nein, beim Ausruhen vom Sofa gefallen."

Nichts

Creme and run

„Wow Frank, deine Kondition ist einfach fantastisch. Und du hast auch ordentlich abgenommen, mindestens 10 Kilo. Wie schafft man das in nur zwei Wochen?" Frank:

„Das habe ich dem neuen Fitness- und Trainingsprogramm ‚Creme and run' zu verdanken." Darauf der andere:

„Creme and run? Was ist das denn?" Frank:

„Na ja, bevor man auf das Feld geht reibt man sich die Waden mit Speck ein und wenn dann das Training beginnt nimmt der Trainer seinen ausgehungerten Terrier von der Leine."

.

5. Platzrichter

Faul

Unterhalten sich zwei Zuschauer eines Golfmatches, fragt der eine:

„Warum ruft denn der Platzrichter permanent Faul?" Darauf der andere:

„Der eine Spieler läuft nicht besonders viel und der Platzrichter ist von Beruf Lehrer und kann offenbar auch in seiner Freizeit nicht abschalten."

Umorientierung

„Vielleicht sollte einer mal dem Ersatzplatzrichter sagen, dass wir hier nicht beim Tennis sondern beim Golfspiel sind." Darauf der andere: „Wieso?" Darauf wieder der andere: „Na hör mal, es gibt beim Golf keinen 1. und 2. Aufschlag, und jedes mal ‚1st Serve, quiet please' zu rufen, wenn einer der Spieler einputten möchte geht nun gar nicht."

Platzrichter

Im Golfspiel. Nach einem Schlag geht einer der Spieler kurz auf den Platzrichter zu und drückt ihm einen Euro in die Hand. Platzrichter:

„Wie soll ich das denn bitte verstehen?" Spieler:

„Naja, ich dachte mir dass es sehr anstrengend für sie sein muss mehrere Stunden hier auszuharren. Das müssen sie sich doch nicht antun als 1 Euro Jobber. Jetzt haben sie den Euro und können gehen wohin sie wollen."

Massage

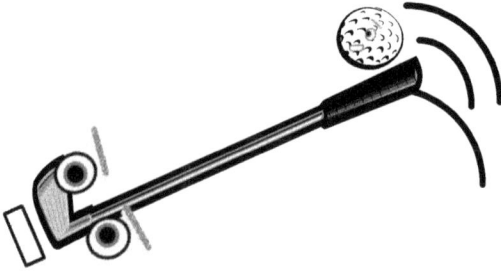

Ahhhh…..
Roll bitte weiterhin auch
schön am Rand entlang,
da juckt es am meisten.

Brille

Na, hat dein Golfspieler
wieder seine Brille
vergessen?

Haarpflege

Seit ich Schaumar nehme fühlt sich mein Hülle viel weicher an.

Fußfehler beim Golf

Naja, Frau Meyer, der letzte Schlag war ja nicht so optimal und was meinen Sie überhaupt mit Fußfehler?

Na, ich bin heute mit dem falschen Fuß aufgestanden.

6. Trainer & Training

Ballschicksale

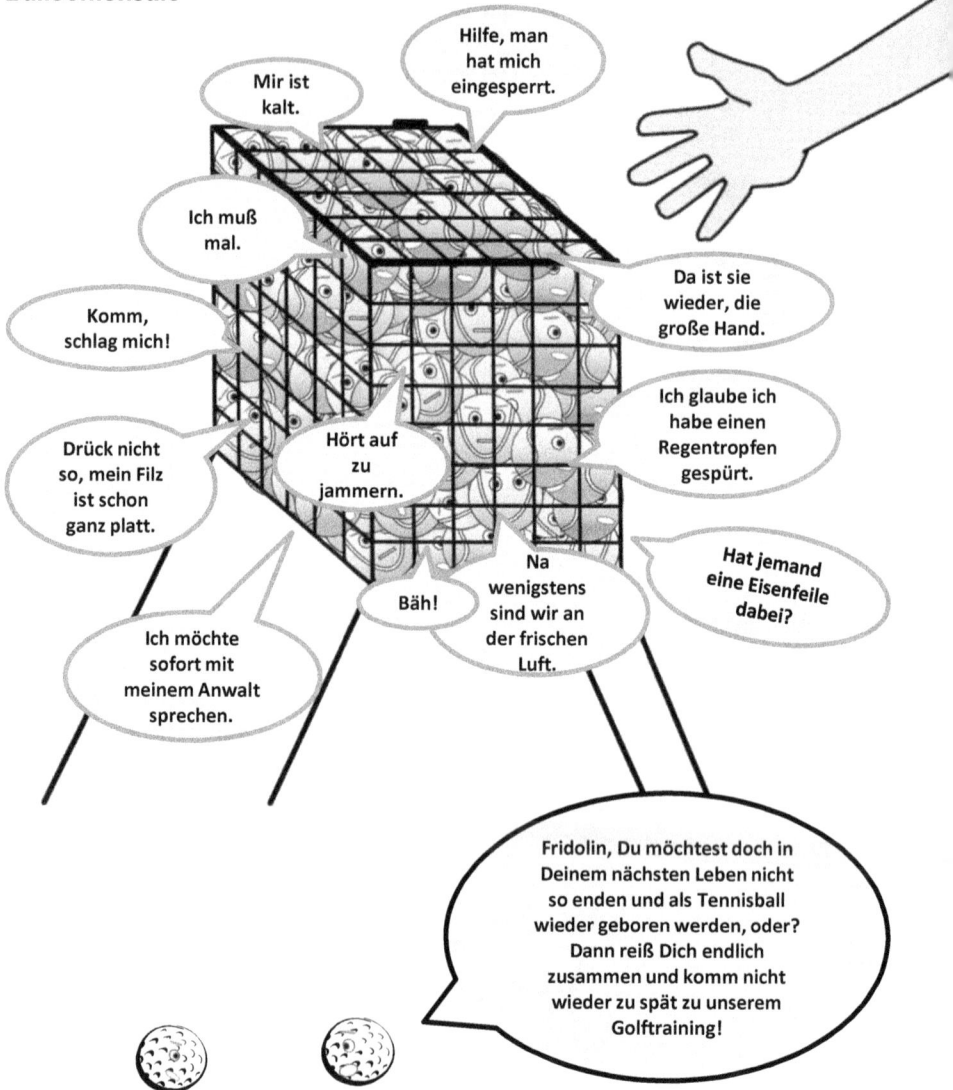

Zaungäste

Spricht der Golfprofi zu einem Zuschauer während des Trainings:

„Seit zwei Stunden stehen sie nun schon da und schauen mir dabei zu wie ich versuche, meine Schlagtechnik zu verbessern. Wie wäre es, wenn sie versuchen würden, selbst mal zu spielen?" Darauf der Zuschauer:

„Nein danke, dazu bin ich viel zu ungeduldig."

Ausbildung

Im Ausbildungslehrgang für angehende Golftrainer. Ausbilder: „So nun habt ihr fast alles gelernt bis auf eine ganz wichtige Sache, die für den Erhalt eures Trainervertrages bzw. Kontingentes von großer Bedeutung ist. Bitte setzt jetzt alle eine ernste Miene auf und sprecht mir nach: Du bist ein echtes Talent. Aus dir kann mal was ganz großes im Golf werden."

Im Zuschauerbereich

Im Zuschauerbereich während eines Golfspiels dreht sich eine Zuschauerin, die einen sehr ausladenden Hut trägt, zu ihrem Hintermann um und fragt: „Stört sie mein Hut beim Zuschauen?" Darauf der Mann:

„Nein überhaupt nicht und wenn sie sich wieder nach vorne drehen würden, dann könnte ich auch wieder mein Bier drauf abstellen."

Golfcrack

Der Lehrer unterhält sich mit Peter: „Und Peter was machst du so in deiner Freizeit?" Peter: „Ich spiele intensiv Golf. Letzte Woche habe ich sogar ein internationales Jugendturnier gewonnen und bin dadurch mit der Mannschaft unter die Top 3 in Europa hochgerutscht."

Lehrer: „Aber Peter, das wusste ich ja gar nicht. Das könnte natürlich deine schlechten Noten in der Schule erklären. Du wirst ja wahrscheinlich jeden Tag trainieren müssen und hast dann kaum noch Zeit für die Hausaufgaben."

Peter: „Ja genauso ist es. Aber wenn es zu viel wird, dann zieht meine Mutter schon mal den Stecker aus dem PC."

Wertvolle Tipps

In einer Pause des Golfturniers spricht der Coach zum Spieler welcher gerade hinten liegt: „So und nun machst Du mal was ganz Verrücktes."

Spieler: „Was denn?"

Coach: „Treff den Ball."

Letzte Worte

Die letzten Worte eines Golftrainers:

„So und nun alle Schläger zu mir..."

Federball

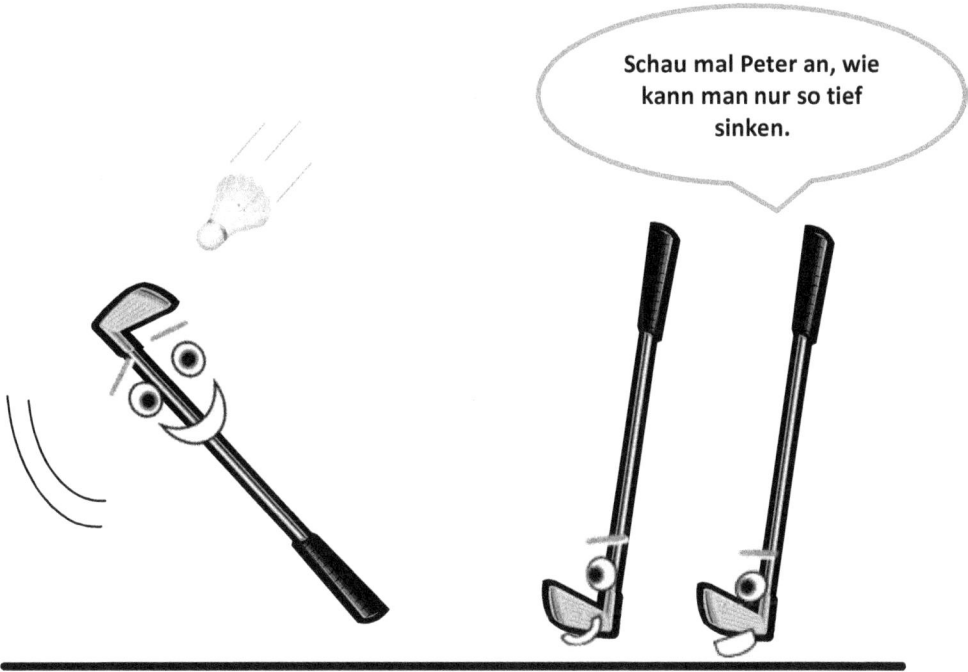

Clubtrainerin

Die Clubtrainerin, welche einen riesen Busen hat sucht neue Übungsleiter zur Verstärkung des Trainerteams. Auf die Anzeige hin melden sich drei junge Männer. Nach dem Vorspielen ruft sie den ersten Kandidaten in das Clubbüro und stellt dann dem Bewerber einige Fragen. Zum Gesprächsabschluss stellt sie noch die Folgende:

„Fällt Ihnen irgendetwas Besonderes an mir auf?" Darauf der junge Mann:

„Sie haben einen monströsen Busen." Trainerin:

„So eine Frechheit, verschwinden sie sofort!". Dann ruft sie den Zweiten herein und auch ihm stellt sie am Ende des Gespräches die Frage:

„Fällt Ihnen irgendetwas Besonderes an mir auf?". Der junge Mann:

„Sie haben einen monströsen Busen." Clubtrainerin:

„Verlassen sie sofort das Büro!". Dann kommt der dritte Proband ins Büro und am Ende kommt wieder die Frage:

„Fällt Ihnen irgendetwas Besonderes an mir auf?". Darauf der junge Mann:

„Sie tragen einen wirklich bemerkenswerten Gürtel." Darauf die Trainerin erleichtert und ein bisschen geschmeichelt:

„Finden sie dass er mir steht?" Junge Mann:

"Nein, das nicht, aber ohne dessen Halt würde ihr monströser Busen glatt auf den Boden klatschen."

Götterdämmerung

Unterhalten sich zwei Clubmitglieder, sagt der eine:
„Achtung in der Halle geht gleich die Vorstellung los." Darauf der andere
„Wie, was denn für eine Vorstellung?"
„Na die Götterdämmerung." Darauf der andere:
„Ich versteh nur Bahnhof, ich sehe nur den Trainer mit Peter, die gerade ihr Training starten." „Na eben, der kapiert doch schon zum x-ten mal nicht die neue Schlagtechnik und nach spätestens 15 min hörst du wiederholt den Trainer brüllen: ‚Mein Gott, wann dämmert bei dir denn endlich die Technik!'"

☆☆☆☆ ☆☆☆☆☆☆☆☆

Buchempfehlung:

„Je öfter man drückt, desto schneller kommt der Fahrstuhl!"
ISBN: 9783735785794

Inhaltsangabe :

Halbstarke

Mystisch

„Nein Herr Schulz wir sind eine seriöse Golfschule und arbeiten weder mit Woodoo-Puppen oder Beschwörungen und wir verstehen auch unter hoch gespielten Lobs keine bei Vollmond verfluchten Mondbälle, um das nächste Spiel zu gewinnen."

Jonglieren

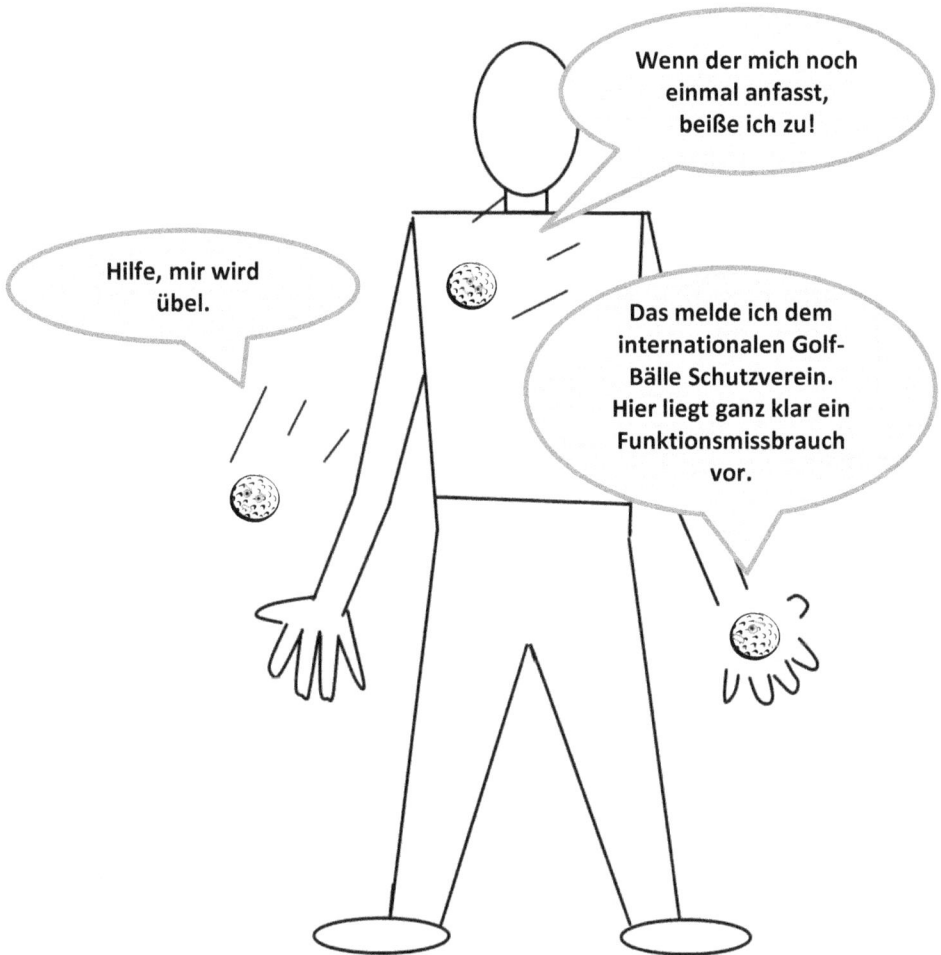

47

7. Auf dem Golfplatz

Allgemeinwissen

Spricht ein Journalist im Interview zum Golfprofi: „Man sagt ja durch das viele Training leidet das Allgemeinwissen bei den Profis, da keine Zeit zum Lernen übrig bleibt." Darauf der Profi: „Nein, das kann ich so nicht bestätigen." Darauf wieder der Journalist: „Na gut, dann beantworten sie mir bitte die folgende Frage: Wo liegt Russland?" Darauf der Golfprofi:

„Na, weit kann es nicht sein, da unser Trainer Struganoff jeden Tag zu Fuß zum Training kommt."

Karrierehilfe

Fragt der Journalist den erfolgreichen Golfprofi: „Und sie haben ihre Karriere ganz alleine ohne Hilfe geschafft?" Darauf der Golfprofi:

„Das kann man so nicht sagen. Es gab da immer diese weißen kleinen delligen Plastikbälle die ich zum Sieg gebraucht hatte."

Hilfestellung

Nach dem Ende des Liga-Spiels humpelt ein älterer Zuschauer gestützt auf zwei Krücken zur Nr. 1 der Verlierermannschaft, reicht ihm eine der Krücken und sagt: „Die brauchen sie dringender als ich."

Zuschauer

Im Zuschauerbereich des Golfspiels. Kurz nachdem die Namen der Kontrahenten genannt wurden, schickt sich einer der Zuschauer abrupt an zu gehen, da fragt ihn sein Stehnachbar: „Wo wollen Sie denn jetzt noch hin, das Spiel beginnt doch jeden Moment." Sagt der andere:

„Habe ich letztes Jahr schon gesehen".

Auge

Nach Ende des Golfspiels reibt sich einer der Spieler beim Verlassen des Greens intensiv die Augen, fragt ein Zuschauer:

„Das war also der Grund warum Sie verloren haben, Sie hatten Probleme mit den Augen und waren dadurch gehandicaped?" Darauf der Spieler:

„Nein, Schlaf im Auge."

Suche

Bei einem Golfspiel ertönt folgende Durchsage:

„Achtung liebe Gäste, der kleine Peter ist verloren gegangen. Er trägt kurze Hosen und ein blaues Hemd. Falls ihn jemand sieht oder er selbst diese Durchsage hört, bitte umgehend beim Greenkeeper melden....(für einen kurzen Moment nur dumpfes Gemurmel zu hören)...und mir wurde gerade noch mitgeteilt, dass sich Peter auch auf dem Parkplatz aufhalten könnte, er fährt einen blauen Mercedes mit dem Kennzeichen B-WU3578."

8. Verrückte Berufe

➜ Gehegereiniger bei Puma

➜ Streifenzähler bei Adiddas

➜ Fallensteller für wegrollende Bälle

➜ Greenkeeper bei Mario Golf

➜ Balljunge in der Damendusche

➜ Bällepolierer bei Bridges one

Neue Jobs braucht das Golf

Die Spielervereinigung hat beschlossen mehr Arbeitsplätze bei den Golfturnieren zu schaffen, um den Komfort für die Spieler zu erhöhen. Nun gibt es:

- Frischwind Zufächler

- Grashalme von Schuhsohlen Picker

- Schweiß Abtupfer

- T-Shirt Zurechtzupfer

- Bälle feucht Abwischer

- Schlaf aus Augen Reiber

Darüber hinaus wird der flankierende Einsatz von Mäusen zur beschleunigten Apportation von wegrollenden Bällen diskutiert.

Holzarbeiten

Wussten sie schon dass Bretter vor dem Kopf nicht nur die Sicht auf die Golftspielfläche einschränken, sondern auch Zaungäste provozieren können?

Weitere Traumjobs aus der Golfbranche...

➜   Playback Stöhner bei Punktverlust

➜   Punktezüchter in der Bundesliga

➜   Schweißband-Bodenturner in der auf dem Green

➜   Natürliches Schlaghindernis bei Fairway Schlägen

➜   Statist in der Damenumkleidekabine

➜   Doppelpartner beim Golfspiel

➜   Bälleflicker im Golf Trainingscamp

9. Clubtätigkeiten

(und wie sie **nicht** vergeben werden sollten)

Greenkeeper: Tunichgut mit Schnarchzapfen Diplom

Platzrichter: Hans-guck-in-die-Luft

Clubsekretariat: Gewitterziegen mit Schreckschraubenappeal

Club Pro: Luftgitarrist

Trainingsteam: In Schießbudenfiguren konvertierte HB-Männchen

Vorstand: Jammerlappen

Finanzen: Raffzähne und falsche Fünfziger

Koch Clubrestaurant: Spaghettisultan

Betreiber Club Shop: Marktschreier mit dubioser Im- und Export Expertise

Oberplatzrichter: Perückenschaf mit Schlafkappenattitüde

Organisator Events: Fatalisten

Clubkommunikation: Quatschköpfe mit großem Tratschmaul

Mannschaftsführer: Als Klabautermänner verkleidetet Psychopaten

1. Junioren: Königsberger Klopse mit Baumschulzeugnis

1. Juniorinnen: Als Zimperliesen geoutete Milchmädchen

1. Herren:	Platzhirsche
1. Damen:	Wuchtbrummen
1. Senioren:	Tattergreise mit Zauselgarantie
1. Seniorinnen:	Schabracken mit Schrulleffekt

Sportschicksale

Auf mir wird andauernd herumgetrampelt

Und mir reißen sie regelmäßig die Haut vom Körper.

Und ich werde permanent geschlagen

10. Golf in 100 Jahren

➜ Erklärungen/Interviews nach dem Golfspiel führt eine verschwitzte Avatarversion der Golfspieler.

➜ Es gibt Duschen direkt auf dem Green. So dass auch während des Spiels die Spieler sich durch eine schnelle Dusche erfrischen können.

➜ Statt Mineralwasser gibt es eine Drogenmixtur aus Fencheltee, Cola, aufgelösten Kaffeebrühwürfeln und alter Capri Sonne.

➜ Während der Autogrammstunde fährt ein rollender Drucker zwischen den Fans umher und druckt und verteilt ununterbrochen Autogrammkarten solange bis alle vergeben sind. Mehrfachverteilungen an gleiche Personen werden dabei in Kauf genommen.

➜ Spieler haben Anspruch auf ein Fußbad im Rahmen des Spiels. In Zukunft steigt die Wichtigkeit des Gesundheitsaspektes enorm an und dem Fuß bekommt nun nach jahrelangen Fußtritten und Herumgetrampel endlich die Anerkennung, die er schon lange verdient hat.

➜ Durch mobile Windmaschinen gibt es einen ordentlichen Rückenwind für den, der gerade schlägt.

➜ Ein ausdauernder Frischluftspender spendet jedem Spieler die ganze Zeit Frischluft indem er ihn das ganze Golfspiel hindurch mit einer mobilen Klimaanlage hinterherläuft.

➜ Schlechte Pitchschläger haben nun die Möglichkeit für entscheidende Schläge im Rahmen eines *Outtaskings* einen guten Pitcher zu mieten.

→ Zur Abkühlung nach dem Golfspiel ist nur das Bad in der Menge oder das Bad im Ruhm des Erfolges gestattet.

→ Um sehr lange Fairway-Schläge machen zu können, wird es die Intelligente maschinelle Armverlängerung geben, die sich über ein entsprechendes Implantat aktiviert und damit die entsprechende Hebelwirkung für den Schlag optimiert.

→ Es wird intelligente Golfbrillen geben, welche just-in-time die aktuelle Spielsituation analysieren und zielgenau Hinweise geben können wohin der nächste Ball optimal zu platzieren ist und wie genau der optimale Schwung des Schlags aussehen muss.

→ Es wird eine in dien Flaggenstock eingebaute Minibar geben, welche frische Drinks zusammen mixen kann, die direkt während des Spiels konsumiert werden können.

→ Es wird eine Stöhn Maschine geben, die immer dann stöhnt, wenn es der Golfspieler bei Schlagdurchführung mal vergessen hat.

→ Golfspiele werden nur noch von Robotern bestritten, menschliche Spieler sind im Vergleich einfach nicht mehr gut genug und agieren nur noch als Ballsucher und Ölkannenhalter.

Spüren

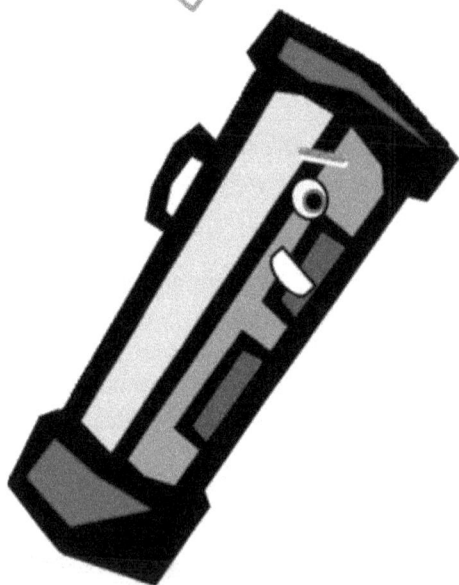

11. Gesucht wird …

..ein neuer Vereinstrainer

Unser neuer Vereinstrainer muss den folgenden Anforderungen gerecht werden:

> Muss Tag und Nacht zur Verfügung stehen um **allen** Bedürfnissen der Clubmitglieder gerecht zu werden.

> Technikerausbildung gefordert zur kostenlosen Reparatur sämtlicher Geräte…von den Vereinsmitgliedern.

> Der Vereinstrainer ist auch der Schlüsselträger vom Isolationsraum in den Clubräumlichkeiten, um trainingsunwillige Golfspieler bei Widerspruch als Strafe für gewisse Zeit wegzusperren zu können.

> Muss trinkfest sein, um kurz vor entscheidenden Golfmatchen die Spieler der Gegenmannschaft, gelockt durch Gratisdrinks unter den Tisch trinken zu können.

> Führen einer Hunde- und Katzenpension in der Urlaubszeit für die Tiere der Clubmitglieder.

> Betreiben einer Website zur Partnervermittlung um die 1.Mannschaft durch Abwechslung motiviert zu halten, natürlich erst nach persönlichen Qualitätscheck der Probanden/innen.

> Bei Reisen mit der 1.Mannschaft zur Saisonvorbereitung muss der Trainer vor Ort im Hotel Küchenarbeit leisten um die Reisekosten für den Verein möglichst gering zu halten.

> Arrangement ‚zufälliger' Unfälle für die Top Player des nächsten gegnerischen Teams.

- ➤ Lernen mit Elektroschocks; Fachkenntnisse als Elektriker notwendig zum fachgerechten Einbau und Wartung entsprechender Vorrichtungen in den Schlägern der Spieler inklusive zentraler Fernbedienung.

- ➤ Pflichtbesuch des Seminars ‚Moderne Motivations(rat)schläge ohne Narbenbildung' als Selbstzahler.

- ➤ Bereitschaft zeigen, sich notfalls wochenlang nicht zu waschen um die Leistung der Gegner in den Verbandsspielen durch gezieltes Stinken negativ zu beeinflussen (z.B. Zuschauen in direkter Gegnernähe, und Stellen von dummen Fragen).

- ➤ Muss sowohl wüste Beschimpfungen als auch körperliche Züchtigungen der Vereins- und Teammitglieder bei verlorenen Punkten/Spielen ohne Gegenwehr hinnehmen bzw. über sich ergehen lassen. Dient damit auch positiv der Agressionsbewältigung der Spieler.

- ➤ Beherrschung perfekter Techniken um den Spielern übertrieben lautes Stöhnen, Brüllen, Fluchen bei verlorenen Ballbesitz beizubringen und damit zur Störung der Konzentration der Gegner im Spiel beizutragen.

..ein neuer Mannschaftsspieler

- ➤ Muss sexy oder absolut hässlich sein, um durch Auswahl entsprechender Kleidung, oder auch gezieltes Weglassen derselben die Spieler/innen der Gegenmannschaft aus dem Konzept zu bringen.

- ➤ Muss sich genau über die Spieler der gegnerischen Mannschaft informieren, um durch gezielte Gemeinheiten und treffende Beleidigungen die Gegenspieler zu verunsichern.

- ➤ Muss eine Woche Kellnerdienst im Clubcafe ohne Bezahlung pro verlorenen Spiel ableisten.

- ➢ Hat schauspielerisches Können nachzuweisen. Für einen taktischen Spielabbruch sind Erfahrungen in Simulation von Herzattacken und psychopathischen Ausrastern mit massiven Bedrohungsgesten Richtung Gegenspieler erforderlich.

- ➢ Soll über Fähigkeiten als Entertainer bzw. auch Pausenclown verfügen zwecks Hebung der Stimmung und Moral der Mannschaft in den Pausen.

Verliebt

Du siehst ja so schick aus. Bist du verliebt?

Ja und wie. Schau mal, für meinen Liebsten habe ich mir sogar eine Extrapolitur auftragen lassen.

Schlagende Verbindung

Na, du kannst es wohl kaum erwarten
geschlagen zu werden, was?
Leider muss ich dir mitteilen, dass dein
Golfspiel heute ausfällt.
Dafür habe ich aber Zeit...

Annoncen aus der Clubzeitung

- Vermiete großräumigen Hosenstall für ausgiebiges Bälletraining

- Einsamer Wanderpokal sucht zementierten Sockel zum Anlehnen

12. Zehn Anzeichen, dass sie verrückt nach Golf sind

1. Die Ausrichtung ihrer Wohnung geschieht nicht nach Feng Shui sondern nach der Struktur eines Golfplatzes

2. Der Handschlag erfolgt nur noch in Interlocking Griffhaltung

3. Die Rasenhöhe in ihrem Garten entspricht genau der Rasenhöhe eines Golfplatzes

4. Sie genießen das Gefühl, ihren neuen Golfschläger in der Hand zu halten mehr als das Händchenhalten mit ihrer Frau.

5. Sie kennen alle Spielergebnisse ihres Golfvereins vom Wochenende auswendig, haben aber keine Ahnung, was gerade in der Welt vorgeht.

6. Sie finden es witzig mal etwas anderes anzuziehen als ihre Golfsachen

7. Sie finden das voll fair, dass ihr/e Partner/in fremdgeht, wenn sie dadurch mehr Freiraum fürs Golfspielen bekommen.

8. Sie hören bei einem romantischen candle light dinner nur dann ihrem Gegenüber zu, wenn dieser bestimme Schlüsselworte fallen lässt, wie z.B. Birdie, Lob oder Chip

9. In ihrem Navi ist ihr Golfclub als Heimatadresse hinterlegt

10. Sie kaufen nur noch Stifte mit eingebautem Mehrwert fürs Golfspielen z.B. auch nutzbar als Tee.

13. Das wirklich Allerletzte

Jobliebe

Apfel

Kultur & Golf

Zwei Freunde machen einen Kombinationsurlaub ‚Kultur & Golf' am Mittelmeer. Am Marktplatz im Urlaubsort erhalten sie vom Reiseleiter Instruktionen:

„Sie gehen jetzt diese Straße dort drüben lang, da werden sie auf dem Weg zur Hotelanlage auf einheimische Straßenhändler treffen, die landestypische Waren im Angebot haben und mit denen sie auch feilschen können. Weiter hinten begegnen Ihnen noch einige Straßenmusiker. Am Ende des Weges liegt die Hotelanlage mit den Golfplätzen auf denen sie heute zwei Stunden kostenlos zusammen mit einem ehemaligen Top-Golfprofi trainieren dürfen."

Die beiden Freunde machen sich gleich auf den Weg und starten ihre Tour die besagte Straße entlang. Bereits nach ein paar Metern gabelt sich diese und da beide abgelenkt sind und sich bewundernd eher die hübschen Häuser mit ihrer üppigen Blumenpracht der Balkone anschauen, laufen sie statt den Weg zur Hotelanlage zu nehmen, den Weg zum Hafen herunter. Nach ein paar Minuten begegnet Ihnen ein Einheimischer der den beiden Uhrimitate und ‚etwas zu rauchen' verkaufen möchte, was beide sofort ablehnen. Daraufhin werden sie wüst beschimpft und bevor der Verkäufer verschwindet, spuckt er auch noch verachtend vor ihnen aus. Etwas geschockt und verwirrt gehen die Freunde weiter die Straße entlang, als sie plötzlich von mehreren Männern mit der Forderung nach Geld in eine dunkle Seitengasse gedrängt werden. Beiden wird ein Messer an die Kehle gehalten und zwar so stark und lebensbedrohlich, dass bereits etwas Blut den Hals der Touristen herunterläuft. Da meint der eine Freund:

„Ich glaube der Reiseleiter hat uns reingelegt, und wenn wir am Hotel sind, müssen wir bestimmt auch noch für das Golftraining heute bezahlen."

Absprung

Blind Date
Zwei Zuschauer eines Golfspiels unterhalten sich, sagt der eine: „Ich glaube der eine Spieler verwechselt das Spiel mit einem blind date." Fragt der andere: „Wieso?" Darauf wieder der andere; „Na weil der wie mit Tomaten auf den Augen spielt."

Golfball

Na der ist ja mal süß.

Dich haben sie wohl zu heiß gebadet, was?

Ich fühle mich plötzlich so groß und wichtig.

Nur Mut, auch Zwerge haben mal klein angefangen.

Und Kleiner, hast Du auch einen Namen? Schrumpfball vielleicht?

Filzmantel

Und wo genau bekommt man diesen schönen Filzmantel her?

Grundstück

Hast du schon gehört dass man jetzt Teile unseres Golfplatzes ideell kaufen kann? Man kann einen Namen vergeben, bekommt sogar eine Urkunde. Nette Sache als Geschenk. Und der Verein kann mit den Einnahmen die Clubräume renovieren."

„Theoretisch hast du recht. Aber es gibt hier ein paar Mitglieder die das ganze etwas zu ernst nehmen."

„Wieso?"

„Na schau doch mal dort drüben, da haben sich die Müllers das Putting green gekauft und gleich komplett umzäunt."

Aktuelle Umfrage

‚Benötigen Golfvereine mehr IT Fachexperten?'

Nein: 0%

Ja: 0

1. If Ja <101 then Ja = Ja +1

2. If Ja <101 then Print ‚Ja:'Ja'%'; Goto 1.

3. end

Ja: 1%

Ja: 2%

Ja: 3%

Ja: 4%

.....

Wie uns die Umfrageergebnisse eindeutig zeigen, erfreuen sich die IT Fachleute im Golfbereich einer wachsenden Beliebtheit.

Umwelt

Bitte daran denken:
Nicht mehr gebrauchte ebooks bitte fachgerecht entsorgen!

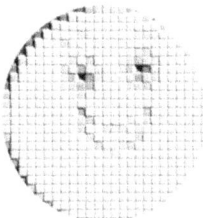

Bälletransport

Also Leute ich kann euch nur sagen, ein Glück sind wir keine Tennisbälle. Die armen Schweine werden nicht artgerecht in Massen via Netz transportiert. Ich sag es ja immer, mit Golf als Sport haben wir echt Schwein gehabt.

Sportfamilie

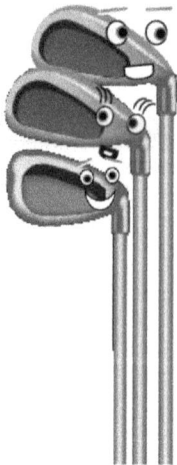

Eine typische Sportfamilie im Golf. Mutter, Vater, Kind.

„Aber Schatz, da merkt man wieder wo Du Deinen Kopf hast. Das ist definitiv nicht die Art von Einkaufswagen die Du holen solltest."

Golfbälle im Eimer

Bücher, Spiele und Tools von Theo von Taane

„Humor im Tennis: Mein Schlag war nicht zu weit, macht doch das Feld länger !"
ISBN: **9783735794604**

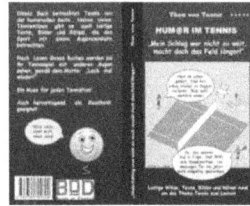

„80% meiner Freizeit verbringe ich hilflos in Drehtüren!"
ISBN: **9783735758125**

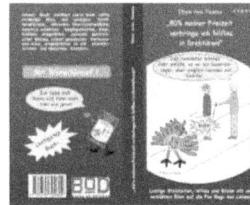

ebook Spiele von Theo von Taane:

„Schnappt Ede!"
Für 2 - 4 Spieler; Alter: 6 – 99 Jahre
ISBN: **9783734721748**

„Die spannende Geschenkejagd!"
Für 2 – 4 Spieler; Alter: 6 – 99 Jahre
ISBN: **9783734721755**

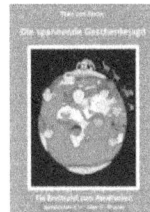

„Das Kuck-Kuck Spiel !"
Alter : 0 – 3 Jahre
ISBN: **9783734723827**

„80% meiner Freizeit verbringe
ich hilflos in Drehtüren!"
ISBN: **9783735758125**

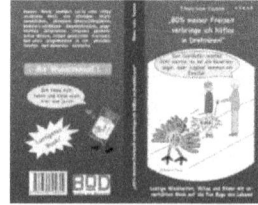

Inhaltsverzeichnis

Untertagewerk – Das Leben ist hart, bisher hat es noch keiner überlebt!

Auf dem Friedhof

Trauerweide

Grabpflege
Gruftis
Grabschänder

„Nein, ich kann Ihnen nicht den Weg zum Schnitzel-friedhof beschreiben, und ich glaube auch nicht, dass Sie dort das Grab von Schweinchen Dick finden werden."

© Theo von Taane

Altenheim
Friedhofsdeserteure
Grottenolme
Gewitterhexen
Vampire

Friedhofsverwaltung

Eingangsbereich
Abnippler
Zombies
Scheintote

Krematorium-Brennanlage
Höllenhund

Rekrutierung
Totschwätzer
Seelenfänger
Dr. Frankenstein

Abgesang
Friedhofsjodler

☎ **Kundenservice**
Quälgeister
Griesgrame
Giftzwerge
Schreckgespenster

Kasse
Geisterbahnschaffner
Geizknochen

Restaurant
Igor der Bückling
Giftmischer
Satansbraten
Ausgeburten der Hölle
Leichenschänder

Lieferservice
Geisterfahrer
Plagegeister

Im Solarium

© Theo von Taane

Abhubfantasien – Bergab geht's schneller als zu Fuß!

Auf dem Flughafen

Emergency Check-in
Für Personen, die schnell „einen fliegen lassen" müssen.

Tower 1   Tower 2

Brigde

Schwarzseher
Fatalisten
Blindschleichen

Mafiosi Security-check
Terroristen
Betrunkene Piloten
‚Blinde' Passagiere

Gangway: Gang nach Canossa

Check-in ‚Zu spät Kommer'
Bombendroher

Ersatzteillager
Furzdüsen
Hermes Ersatzflügel
Lego Bausatz ‚Flieger'

Fluglotsen Lounge
Clowns
Hans-Guck-in-die-Luft

Piloten Lounge
Staubsaugerpiloten
Pistensäue
Bruchpiloten

Antrieb
Speicher für Fliegen & dicke Brummer

Landebahn für geistige Tieflieger

Rieselfeld des Hummelbauern

Zwinger für Himmelhunde

Hangar

Area 51

Aufschlagfeld für havarierende Flugzeuge

Flight 745: „Mayday, mayday. Tower wir haben einen schweren technischen Defekt!"
Tower: „Flight 745, bitte bereiten Sie sich auf ihren Aufschlag vor."

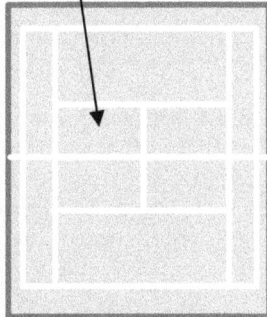

© Theo von Taane

Notfall

Der Pilot aufgeregt an den Tower:

„Mayday, mayday. Der Motor ist ausgefallen und wir befinden uns im direkten Sinkflug! Wir werden alle sterben!!!" Darauf der Tower:

„Nur die Ruhe, Sie sehen das zu negativ." Pilot verwundert:

„Was, wieso?" Darauf wieder der Tower:

„Na, Sie wissen doch, Totgesagte leben länger."

Pilot

Kurz vor dem Abflug. Die Passagiere sitzen bereits und warten noch auf das Erscheinen des Piloten. In diesem Moment taucht dieser augenscheinlich blind, mit Hund und Blindenstock am Flugzeugeinstieg auf und entschwindet sogleich unter den erstaunten Blicken der Passagiere in das Cockpit. Ehe jemand etwas sagen kann, ist die Maschine bereits am Starten und hebt unter hysterischem Geschrei der Passagiere sauber ab. Nachdem die Maschine am Zielort ebenso wieder problemlos gelandet ist, geht einer der Passagiere zu dem Piloten, als dieser gerade die Maschine verlassen will und spricht ihn an:

„Wie haben Sie denn das schaffen können, völlig blind, die Maschine so sicher zu starten, zu fliegen und auch wieder zu landen?"

„Ach das ist nichts Besonderes, das war Teil meiner Ausbildung."

Antwortet der Hund.

„80% meiner Freizeit verbringe ich hilflos in Drehtüren!"
*ISBN: **9783735758125***

Rubrik: Spiele

„Das Kuck-Kuck Spiel !"
Alter : 0 – 3 Jahre
*ISBN: **9783734723827***

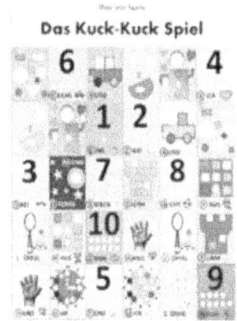

Kurzbeschreibung

Das Kuck-Kuck Spiel ist ein neuartiges interaktives Lern- und Spaßspiel das mit Kindern im Alter von 0 bis 3 Jahren gespielt wird.

Es basiert auf dem Effekt dass das kurzfristige Verstecken oder Verdecken von dem Kind bekannten Gesichtern bzw. Teilen davon und das plötzliche Wiederzeigen des vorher verdeckten Gesichts zusammen mit einem "Kuck-Kuck" Ausruf einen erstaunten Moment mit hoher Aufmerksamkeit beim Kind hervorruft, der die Kinder in der Regel zum Lachen bringt.

Durch Variation z.B. durch das Einbringen von verschiedenen Formen, Motiven und Farben werden sowohl die Aufmerksamkeit, die Beobachtungsgabe als auch die Interaktionsfähigkeit des Kindes sehr gut trainiert. Dabei sollte der Spaß- und Freudefaktor des Kindes an erster Stelle stehen.

Das Spiel umfasst 30 Interaktionskarten die allesamt an markanten bzw. für das Kind interessanten Bildstellen Löcher aufweisen, durch welche die Finger oder auch mal lustig die Zunge durchgesteckt werden können. Es gibt aber auch Fensterbereiche durch welche man das Kind immer wieder anschauen und nach Blickkontakt mit dem Kind den Kopf wieder hinter der Karte verstecken kann. Kinder in diesem Alter haben einen riesen Spaß daran!

Als Motive stehen neben bekannten Formen wie Auto, Haus und Uhr etc. unter anderem auch die Zahlen von 1 bis 10, die zusammen mit der passenden Anzahl von Fingerlöchern hervorragend geeignet sind um das Kind durch Anfassen lassen der z.B hintereinander durchgesteckten Finger zusammen mit dem Aussprechen und der visuellen Darstellung der Zahl auf der Karte die Zahlen kennen zu lernen bzw. spielerisch zu üben. Die Spielkarten können jeweils einzeln heruntergeladen (Liste mit download-Links im ebook) und ausgedruckt werden (Farbdrucker und Windows PC). Danach nur noch ein paar Löcher ausschneiden und schon kann das Spiel beginnen!

Rubrik: Spiele

„Die spannende Geschenkejagd!"
Für 2 – 4 Spieler; Alter: 6 – 99
Jahre
ISBN: **9783734721755**

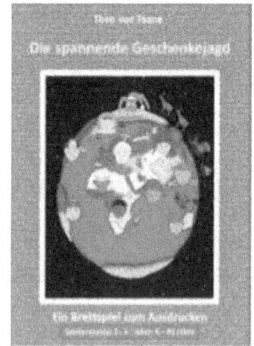

Kurzbeschreibung

Der Weihnachtsmann ist in Rente gegangen und der Osterhase hat seinen Job mit übernommen. Doch der Streß war zuviel; weltweite Geschenkverteilung zu Weihnachten, das Ganze noch mal zu Ostern und immer alle Wünsche richtig merken! Das haut den stärksten Hasen um!

Jetzt ist erst einmal Urlaub angesagt, doch wer übernimmt in dieser Zeit den Job vom 'Weihnachtshasen'   ?
Es muß ein Vertreter her, doch nicht irgendeiner. Nur der Beste kann es sein. Bis zu vier Spieler können an diesem Geschenkejagd-Wettstreit teilnehmen. Bist du gut genug?

Alter: 6-99 Spielerzahl: 2-4 Spieler

Spielinhalt (zum Ausdrucken):

1 Spielfeld, 50 Geschenkkarten, 4 Wunschlistenspielfelder

Du brauchst noch:

- 4 Spielfiguren, 1 Würfel, 1 Farbwürfel (optional)

- und zum Ausdrucken: PC mit Windows Betriebssystem / Farbdrucker

Eine Probeversion für 2 Spieler ist ebenfalls in diesem Onlinestore erhältlich (Suchbegriff: Geschenkejagd)

Die gute Laune beginnt schon mit der Erstellung des do-it-yourself Spiels. Eine Schritt-für-Schritt Anleitung ist enthalten.

Rubrik: Spiele

„Schnappt Ede!"
Für 2 - 4 Spieler; Alter: 6 – 99 Jahre
*ISBN: **9783734721748***

Kurzbeschreibung

In der Stadt ist die Hölle los!
Jede Nacht ein neuer Einbruch und immer werden die kostbarsten Kunstgegenstände gestohlen. Doch jetzt reicht's. In dieser Nacht werden zum Schutz vor jedem Museum Polizisten postiert. Die Hetzjagd kann beginnen! Wer wird der Sieger sein?

Bist du bereit für die Jagd?

Alter: 6 - 99 Spielerzahl: 2 - 4 Spieler

Spielinhalt (zum Ausdrucken):
2 Spielfelder (2 Spieler Version und für 2-4 Spieler Version) , 18 Farbkarten, 4 Spielerstäbchen, 8 Blockadestäbchen, 4 Jokerstäbchen, 2 Action-Karten, 1 Anleitung

Du brauchst noch:

- 1 Würfel

- und zum Ausdrucken: PC mit Windows Betriebssystem / Farbdrucker

Schnappt Ede! ist ein Spiel für zwei bis vier Personen. Ein oder zwei Personen übernehmen dabei die Rolle des Polizisten/der Polizisten (Jagende) und ein oder zwei Personen die Rolle des Einbrechers/der Einbrecher (Gejagde).

Entwickelt eure eigenen Flucht- und/oder Verfolgungsstrategien!

Die gute Laune beginnt schon mit der Erstellung des do-it-yourself Spiels. Eine Schritt-für-Schritt Anleitung ist enthalten.

Rubrik: Tools

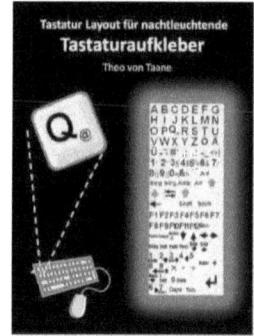

„Sehschwäche - Tastaturlayout für nachtleuchtende Tastaturaufkleber"
ISBN: 9783734719929

Kurzbeschreibung

Bei dem Produkt handelt es sich um ein ausdruckbares Tastaturlayout für Tastaturen mit deutschen Schriftsatz (extra groß) zum Ausdruck auf nachtleuchtendes selbstklebendes Papier.

In der Schritt-für-Schritt Anleitung wird der gesamte Erstellungsprozeß von der Beschaffung der Printmaterialien über den download der Layoutdatei bis hin zum Applizieren der nachtleuchtenden Tasturaufklebern auf die Tasten der Tastatur zum einfachen Nachvollziehen erklärt.

Für wen sind nachtleuchtende Tastaturaufkleber interessant?
- Menschen mit Sehschwäche
- Menschen die vorwiegend in abgedunkelten Umgebungen mit dem
  Computer arbeiten oder spielen

Die Vorteile im Überblick:
- übergroße Schriftzeichen / nachtleuchtend
- abriebfeste Schriftzeichen / abwischbar
- Layout in schwarz auf gelb / fester Sitz der Aufkleber

Im übrigen ist dieses Produkt auch eine hervorragende Idee Freunde oder Familienmitglieder mit Sehschwäche zum Geburtstag oder einfach zwischendurch mit bereits zum Aufkleben bereite Tastaturaufkleber zu überraschen. Dies zeigt der beschenkten Person ihre Hilfsbereitschaft, ihr persönliches Engagement und damit ihr besonderes Interesse an der beschenkten Person.

Was wird benötigt?
- PC mit Windows und Drucker
- nachtleuchtendes selbstklebendes Papier (Beschaffungslink in Anleitung erhalten)
- selbstklebende Bucheinschlagfolie (Beschaffungslink in Anleitung erhalten)
- Das Programm Microsoft Powerpoint falls das Tastaturlayout editiert werden soll

Lightning Source UK Ltd.
Milton Keynes UK
UKHW010911080223
416610UK00014B/1479

9 783734 731709